어린이가 읽는 周易이야기

원형이정

지은이

無性 이민형

도서출판 도반

목 차

들어가는 글 8
주역이란 10

상경(上經)

1. 중천건(重天乾) 12
2. 중지곤(重地坤) 14
3. 수뢰둔(水雷屯) 16
4. 산수몽(山水蒙) 18
5. 수천수(水天需) 20
6. 천수송(天水訟) 22
7. 지수사(地水師) 24
8. 수지비(水地比) 26
9. 풍천소축(風天小畜) 28
10. 천택리(天澤履) 30
11. 지천태(地天泰) 32
12. 천지비(天地否) 34

13. 천화동인(天火同人) 36
14. 화천대유(火天大有) 38
15. 지산겸(地山謙) 40
16. 뢰지예(雷地豫) 42
17. 택뢰수(澤雷隨) 44
18. 산풍고(山風蠱) 46
19. 지택림(地澤臨) 48
20. 풍지관(風地觀) 50
21. 화뢰서합(火雷噬嗑) 52
22. 산화비(山火賁) 54
23. 산지박(山地剝) 56
24. 지뢰복(地雷復) 58
25. 천뢰무망(天雷无妄) 60
26. 산천대축(山天大畜) 62
27. 산뢰이(山雷頤) 64
28. 택풍대과(澤風大過) 66
29. 중수감(重水坎) 68
30. 중화리(重火離) 70

하경(下經)

31. 택산함(澤山咸) 72
32. 뢰풍항(雷風恒) 74
33. 천산돈(天山遯) 76
34. 뢰천대장(雷天大壯) 78
35. 화지진(火地晉) 80
36. 지화명이(地火明夷) 82
37. 풍화가인(風火家人) 84
38. 화택규(火澤睽) 86
39. 수산건(水山蹇) 88
40. 뢰수해(雷水解) 90
41. 산택손(山澤損) 92
42. 풍뢰익(風雷益) 94
43. 택천쾌(澤天夬) 96
44. 천풍구(天風姤) 98
45. 택지췌(澤地萃) 100
46. 지풍승(地風升) 102
47. 택수곤(澤水困) 104
48. 수풍정(水風井) 106

49. 택화혁(澤火革) 108
50. 화풍정(火風鼎) 110
51. 중뢰진(重雷震) 112
52. 중산간(重山艮) 114
53. 풍산점(風山漸) 116
54. 뢰택귀매(雷澤歸妹) 118
55. 뢰화풍(雷火豊) 120
56. 화산려(火山旅) 122
57. 중풍손(重風巽) 124
58. 중택태(重澤兌) 126
59. 풍수환(風水渙) 128
60. 수택절(水澤節) 130
61. 풍택중부(風澤中孚) 132
62. 뢰산소과(雷山小過) 134
63. 수화기제(水火旣濟) 136
64. 화수미제(火水未濟) 138

맺는글 140

참고문헌 142

들어가는 글

우리 모두는 자연 속에서 태어나서
함께 성장하고 더불어 살아가는 공동체이다
저마다 다양한 모습으로
각자의 맡은 바 일에 최선을 다한다.

우리가 살고 있는 세상은
맑고 밝은 생각이 자긍심이 되어
내 앞에 놓인 수많은 일들을
슬기롭게 헤쳐나갈 수 있는
힘이 되어 줄 것이다.

이런 까닭에 이 책은
어린이와 청소년들로 하여금
이 세상의 주체가 되고
오롯이 설 수 있도록
바른 판단과 결정을 하는 데
도움을 주고자 한다.

자연과 인간이 공존(共存)함으로써
건강한 몸과 마음을 갖추어
사람들이 함께 아름다운 세상을
만들어가는 이치를 알게 되길 바란다.

이 책을 읽는 방법은 다음과 같다.
첫째, 각 괘별로 큰 주제를 읽는다.
둘째, 여섯 개의 키워드를 읽고 따라 쓴다.
셋째, 결론 부분을 읽으며 되새긴다.
넷째, 한자의 뜻을 이해하며 마무리한다.

단기 4355년 4월 곡우절(穀雨節)에
덕윤재에서 無性 이민형

주역(周易) 이란

1. 역(易)

하늘과 땅이 사계절과 같이 끊임없이 변화하는 것을 말하는데 역(易)이 만들어진 구성원리를 살펴보면 대체로 두 가지로 설명할 수 있다. 첫째 해와 달의 형상으로 365일 동안 서로 교차하며 바뀐다. 둘째 역(易) 자는 도마뱀의 형상을 그린 것으로 도마뱀은 몸의 색을 수시로 바꾸고 위급할 땐 꼬리를 자르고 도망간다.

2. 주역(周易)

삼경(詩,書,易) 중의 하나로 주(周)는 나라 이름과 "두루하다"의 뜻을 지니고 있다. 나라의 의미와 '넓게 두루 한다'는 뜻 속에서 일어나는 다양한 시간과 공간의 변화들을 포괄하는 자연의 이치를 정리한 책이라고 할 수 있다.

(1) 주역을 발전시킨 인물

주역(周易)은 복희, 문왕, 주공, 공자 등에 의하여 이어져왔다고 한다.

① 복희씨(伏羲氏): 하수(河水)에 출현한 용마(龍馬)의 등에 있는 55개의 점을 보고 우주의 이치를 깨닫고 팔괘를 만들었다고 전해짐.

② 문왕(文王): 은나라 말기에 64괘를 정비하고 괘사를 문자화 시킴.

③ 주공(周公): 아버지 문왕의 역(易)을 계승하여 각 괘의 효(384爻)의 설명을 붙여서 주역경문(周易經文)을 만들었음.

④ 공자(孔子): 춘추말기에 십익(十翼)으로써 찬술하여 오늘날의 주역이 완성되었음.

(2) 주역(周易)의 구성

① 상경(上經 30괘): 자연현상을 중심으로 되어 있는 형이상학이다.

② 하경(下經 34괘): 인간이 지켜야 할 예절을 중심으로 되어 있는 형이하학이다.

* 양(☰)효 와 음(☷)효로만 된 괘의 이름은 중(重) 자로 시작한다

(3) 팔괘의 성립과 삼재(三才)

음(陰)과 양(陽)이 양의(兩儀 두 가지 움직임)가 되고 양의가 사상(四象 네 가지 모양)이 되고 사상이 팔괘(八卦 여덟 가지 형상)를 이루는데 이를 삼변성도(三變成道)라고 하며, 역(易)은 음양(陰陽)과 삼재(三才)를 기본 바탕에 두며 삼재는 천지인(天地人)을 말한다.

01

중천건(重天乾)

맑고 파아란 하늘을 본받자

1. 정정당당함을 생각한다
2. 참다운 스승께 공부한다
3. 나의 장점과 단점을 살핀다
4. 생각을 편안히 한다
5. 몸과 마음을 건강하게 한다
6. 파아란 하늘이 곧 나의 모습이다

명예와 덕망을 갖추면 많은 사람들이 존경한다

重 거듭할 중 / 반복하다
天 하늘 천 / *꼭대기, 위 ⇨ "하늘"을 나타내는 뜻
乾 하늘 건 / 높고 긴 깃대를 본뜬 모양, 위로 올라오다

따라쓰기

중천건(重天乾)

맑고 파아란 하늘을 본받자

1. 정정당당함을 생각한다
2. 참다운 스승께 공부한다
3. 나의 장점과 단점을 살핀다
4. 생각을 편안히 한다
5. 몸과 마음을 건강하게 한다
6. 파아란 하늘이 곧 나의 모습이다

명예와 덕망을 갖추면 많은 사람들이 존경한다

02

중지곤(重地坤)

건강한 땅에서 건강한 식물이 자란다

1. 공정한 자세로 판단한다
2. 잘하기 위해 준비할 것을 익힌다
3. 내가 제일 즐거워하는 것을 한다
4. 좋은 스승을 따르니 한결 차분하다
5. 농부의 마음처럼 때를 기다린다
6. 노력한 결과 올바른 결실을 맺는다

착실하게 탐구하여 최선의 결과를 얻는다

重 거듭할 중 / 반복하다
地 땅 지 / 뱀이 땅으로 구불구불 길게 늘어져 있는 모양
坤 땅 곤 / 끝없이 펼쳐지는 대지

따라쓰기

중지곤(重地坤)

건강한 땅에서 건강한 식물이 자란다

1. 공정한 자세로 판단한다
2. 잘하기 위해 준비할 것을 익힌다
3. 내가 제일 즐거워하는 것을 한다
4. 좋은 스승을 따르니 한결 차분하다
5. 농부의 마음처럼 때를 기다린다
6. 노력한 결과 올바른 결실을 맺는다

착실하게 탐구하여 최선의 결과를 얻는다

03

수뢰둔(水雷屯)

힘들고 지칠 땐 쉬는 것이다

1. 힘들 땐 잠시 멈춘다
2. 윗사람과 자주 소통한다
3. 진심으로 좋아할 때 해야 한다
4. 답답함을 가라앉히고 차분히 생각한다
5. 할 수 있는 것부터 한다
6. 주변사람들과 함께 어려움을 극복한다

신중히 되돌아보고 주변의 도움을 받으며 준비한다

水물 수 / 물이 흘러가는 모양 또는 물과 관련된 동작
雷우레 뢰 / 비내리 가운데 천둥이 치는 것
屯묶을 둔/ 유아의 머리카락을 묶어 꾸민 모양

따라쓰기

수뢰둔(水雷屯)
힘들고 지칠 땐 쉬는 것이다

1. 힘들 땐 잠시 멈춘다
2. 윗사람과 자주 소통한다
3. 진심으로 좋아할 때 해야 한다
4. 답답함을 가라앉히고 차분히 생각한다
5. 할 수 있는 것부터 한다
6. 주변사람들과 함께 어려움을 극복한다

신중히 되돌아보고 주변의 도움을 받으며 준비한다

04

산수몽(山水蒙)

겸손하고 부드러워서 좋다

1. 오늘부터 나를 위한 공부를 시작한다
2. 나를 이해해주는 스승을 만나야 한다
3. 무엇이든 지나치면 안 된다
4. 내 자신에게 최선을 다한다
5. 착실히 배우고 익힌다
6. 준비가 철저하니 결과가 좋다

나를 낮추는 것은 진솔한 것이고
내가 공손한 것은 넉넉하고 윤택한 것이다

蒙 어릴 몽/ 艹(풀) +冢(돼지, 가축을 덮어키우다)

따라쓰기

산수몽(山水蒙)

겸손하고 부드러워서 좋다

1. 오늘부터 나를 위한 공부를 시작한다
2. 나를 이해해주는 스승을 만나야 한다
3. 무엇이든 지나치면 안 된다
4. 내 자신에게 최선을 다한다
5. 착실히 배우고 익힌다
6. 준비가 철저하니 결과가 좋다

나를 낮추는 것은 진솔한 것이고
내가 공손한 것은 넉넉하고 윤택한 것이다

05

수천수(水天需)

노력은 성공의 밑거름이다

1. 서둘지 않아도 충분히 익힐 수 있다
2. 스스로 잘할 수 있는 힘이 있다
3. 바른 생각을 실천하면 된다
4. 겸손한 마음자세를 지킨다
5. 몸과 마음을 안정시킨다
6. 처음부터 끝까지 노력했으니 좋다

지혜와 덕으로써 스승을 공경하고
몸가짐을 바르게 하면 복(福)이 된다

需 기다릴 수/ 雨(비) + 而(수염)
머리카락을 밀어버리고 수염을 기른 모양
기우제를 지내며 비를 기다리는 사람

따라쓰기

수천수(水天需)
노력은 성공의 밑거름이다

1. 서둘지 않아도 충분히 익힐 수 있다
2. 스스로 잘할 수 있는 힘이 있다
3. 바른 생각을 실천하면 된다
4. 겸손한 마음자세를 지킨다
5. 몸과 마음을 안정시킨다
6. 처음부터 끝까지 노력했으니 좋다

지혜와 덕으로써 스승을 공경하고
몸가짐을 바르게 하면 복(福)이 된다

06

천 수 송 (天水訟)

화가 난다고 다투면 안 된다

1. 싸우거나 욕을 하면 서로가 기분이 나쁘다
2. 잘못은 사과하고 더욱 친하게 지내라
3. 옳은 행동은 주변 사람들이 칭찬한다
4. 화가 났을 때는 긴 숨을 마시며 차분해진다
5. 신중한 자세로 차근차근 움직인다
6. 훌륭한 스승을 만나서 배우고 익힌다

무엇이 올바른 것인지부터 생각하고
덕망과 인품을 갖춘 사람에게 배워야 한다

訟송사할 송/ 言(말하다) +公(공공의 장소) 공정한 장소에서 말하다

따라쓰기

천수송(天水訟)

화가 난다고 다투면 안 된다

1. 싸우거나 욕을 하면 서로가 기분이 나쁘다
2. 잘못은 사과하고 더욱 친하게 지내라
3. 옳은 행동은 주변 사람들이 칭찬한다
4. 화가 났을 때는 긴 숨을 마시며 차분해진다
5. 신중한 자세로 차근차근 움직인다
6. 훌륭한 스승을 만나서 배우고 익힌다

무엇이 올바른 것인지부터 생각하고
덕망과 인품을 갖춘 사람에게 배워야 한다

07

지수사(地水師)

올바른 인재가 되어 큰 뜻을 세운다

1. 나에게 맞는 생활계획표를 만든다
2. 정직한 친구의 충고를 듣는다
3. 내가 한 말과 행동에 책임을 진다
4. 꼼꼼히 살피고 주변을 정리정돈한다
5. 공부할 땐 진지하게 하고 쉴 땐 편안히 즐긴다
6. 무엇이든 공정하게 바라보는 것이다

계획에 맞추어 실천하는 것은
가정과 사회를 밝고 건강하게 만드는
인재가 되는 방법이다

師스승 사, 군대 사 / 지도자, 장군, 큰 고기 토막의 상형

따라쓰기

☷
☵

지수사(地水師)

올바른 인재가 되어 큰 뜻을 세운다

1. 나에게 맞는 생활계획표를 만든다
2. 정직한 친구의 충고를 듣는다
3. 내가 한 말과 행동에 책임을 진다
4. 꼼꼼히 살피고 주변을 정리정돈한다
5. 공부할 땐 진지하게 하고 쉴 땐 편안히 즐긴다
6. 무엇이든 공정하게 바라보는 것이다

계획에 맞추어 실천하는 것은
가정과 사회를 밝고 건강하게 만드는
인재가 되는 방법이다

08

수지비 (水地比)

좋은 친구들과 함께 목표를 세우자

1. 성실한 행동은 진실한 믿음으로 이어진다
2. 진정한 마음으로 서로를 대한다
3. 나쁜 행동을 하는 사람을 멀리한다
4. 어려운 이웃을 돕는 것은 모두에게 좋다
5. 자신의 목표를 위해 꾸준히 실천한다
6. 모범이 될 만한 좋은 벗들이 함께한다

좋은 친구는 서로가 도와주며
올바른 생각으로 소통한다

比 견줄 비/ 두 사람이 나란히 늘어선 모양, 가까이 하면서 서로 도움을 줌

따라쓰기

수지비 (水地比)

좋은 친구들과 함께 목표를 세우자

1. 성실한 행동은 진실한 믿음으로 이어진다
2. 진정한 마음으로 서로를 대한다
3. 나쁜 행동을 하는 사람을 멀리한다
4. 어려운 이웃을 돕는 것은 모두에게 좋다
5. 자신의 목표를 위해 꾸준히 실천한다
6. 모범이 될 만한 좋은 벗들이 함께한다

좋은 친구는 서로가 도와주며
올바른 생각으로 소통한다

09

풍천소축(風天小畜)

안으로는 굳세고 밖으로는 공손하다

1. 근심하고 걱정할 필요가 없다
2. 사람들과 적극적으로 만나고 화합한다
3. 소통하기 어려울 땐 잠시 휴식을 취한다
4. 성실한 마음자세를 잊지 않는다
5. 공손한 마음으로 서로를 이끈다
6. 때가 될 때까지 차분하게 행동한다

자신의 행동을 반성하고 앞으로의 일들을 계획한다

風 바람 풍 / 배의 돛과 봉황새의 상형
小 작을 소 / 작은 점을 뜻함
畜 기를 축 / 짐승의 머리에 끈을 달아서 기르는 것
　　　　　자(玆) +전(田) 곡식이 불어나다

따라쓰기

풍천소축(風天小畜)

안으로는 굳세고 밖으로는 공손하다

1. 근심하고 걱정할 필요가 없다
2. 사람들과 적극적으로 만나고 화합한다
3. 소통하기 어려울 땐 잠시 휴식을 취한다
4. 성실한 마음자세를 잊지 않는다
5. 공손한 마음으로 서로를 이끈다
6. 때가 될 때까지 차분하게 행동한다

자신의 행동을 반성하고 앞으로의 일들을 계획한다

10

천택리 (天澤履)

조심스런 마음으로 신중히 행동한다

1. 말보다 행동으로 실천하니 모두가 함께한다
2. 따뜻한 마음을 갖추어 사람들을 대한다
3. 화해하는 것이 다투는 것보다 어렵다
4. 어떤 일이든지 신중히 행동한다
5. 올바르고 떳떳하면 다툴 일도 없다
6. 착실히 준비했으니 계획대로 실천한다

꼼꼼하고 세밀하게 기본을 갖춘 후에 계획을 세운다

澤 못 택/ 물(水) + 끌어당기다(睪), 물과 습기가 차례로 이어지는 연못
履 밟을 리/ 사람(尸) + 길이(彳) + 발(夊) + 짚신(舟)
사람이 길을 걸어갈 때 신는 신발

따라쓰기

천택리(天澤履)

조심스런 마음으로 신중히 행동한다

1. 말보다 행동으로 실천하니 모두가 함께한다
2. 따뜻한 마음을 갖추어 사람들을 대한다
3. 화해하는 것이 다투는 것보다 어렵다
4. 어떤 일이든지 신중히 행동한다
5. 올바르고 떳떳하면 다툴 일도 없다
6. 착실히 준비했으니 계획대로 실천한다

꼼꼼하고 세밀하게 기본을 갖춘 후에 계획을 세운다

11

지천태 (地天泰)

사이좋고 다정하고 즐겁고 여유롭다

1. 참되고 성실한 사람과 함께한다
2. 이해하고 배려하고 감싸준다
3. 좋은 생각을 실천하면 모두가 즐겁다
4. 나의 주변을 살핀다
5. 나를 낮추고 겸손히 행동한다
6. 윗사람의 말씀을 공손히 듣는다

사람간에 서로 화합하고 노력하면 모두가 윤택하다

泰 클 태/ 물(水) + 사람(大), 물에 몸을 담그고 휴식을 취하는 사람

따라쓰기

지천태 (地天泰)

사이좋고 다정하고 즐겁고 여유롭다

1. 참되고 성실한 사람과 함께 한다
2. 이해하고 배려하고 감싸준다
3. 좋은 생각을 실천하면 모두가 즐겁다
4. 나의 주변을 살핀다
5. 나를 낮추고 겸손히 행동한다
6. 윗사람의 말씀을 공손히 듣는다

사람간에 서로 화합하고 노력하면 모두가 윤택하다

12

천지비 (天地否)

참고 노력하여 바르게 하자

1. 양심을 지켜야 떳떳한 것이다
2. 지치고 힘들면 휴식을 갖는다
3. 어떤 경우라도 중심을 지킨다
4. 참고 기다릴 줄도 알아야 한다
5. 가볍게 행동하는 것은 안 된다
6. 잘 견뎌냈으니 몸과 마음이 안정된다

급할수록 오히려 천천히 움직이는 것이 좋다

좀 막힐 비/ 입 또는 구멍(口) + 자방 또는 막힘(不)
자방(子房) - 씨방, 가차(假借)하여 ~을 하지 않다
나무(木)가 자라지 못하고 줄기도 끊어져 자라지 못하는 상태

따라쓰기

천지비(天地否)

참고 노력하여 바르게 하자

1. 양심을 지켜야 떳떳한 것이다
2. 지치고 힘들면 휴식을 갖는다
3. 어떤 경우라도 중심을 지킨다
4. 참고 기다릴 줄도 알아야 한다
5. 가볍게 행동하는 것은 안 된다
6. 잘 견뎌냈으니 몸과 마음이 안정된다

급할수록 오히려 천천히 움직이는 것이 좋다

13

천화동인(天火同人)

서로에게 힘이 되어주자

1. 혼자 판단하지 말고 여럿이 함께 이야기한다
2. 충분히 생각하고 난 후 결정한다
3. 공정하지 않은 것은 절대로 하면 안 된다
4. 할 수 있는 것과 할 수 없는 것을 살핀다
5. 부지런히 노력하면 결과가 좋다
6. 어려움을 슬기롭게 이겨내자

**밝은 생각과 건강한 몸으로 배우고 익혀서
참다움을 실천한다**

火 불 화 / 타오르는 불꽃의 상형, 불 빛 등불, 음식의 조리, 태움
同 같을 동 / 몸체와 뚜껑이 잘 맞도록 만들어진 통
人 사람 인 / 옆에서 본 사람의 모양, 다양한 사람

따라쓰기

천화동인(天火同人)

서로에게 힘이 되어주자

1. 혼자 판단하지 말고 여럿이 함께 이야기한다
2. 충분히 생각하고 난 후 결정한다
3. 공정하지 않은 것은 절대로 하면 안 된다
4. 할 수 있는 것과 할 수 없는 것을 살핀다
5. 부지런히 노력하면 결과가 좋다
6. 어려움을 슬기롭게 이겨내자

밝은 생각과 건강한 몸으로 배우고 익혀서
참다움을 실천한다

14

화천대유(火天大有)

내 마음이 맑고 밝아진다

1. 서두르지 않으면 마음이 편안하다
2. 자기의 일에 최선을 다한다
3. 솔직하고 성실할 것을 생각한다
4. 내가 노력해서 얻은 것이 진짜 나의 것이다
5. 원칙을 지키고 대화로 소통한다
6. 나보다 뛰어난 사람의 말과 행동을 배운다

사치와 허영을 멀리하고 근검 절약하며 저축한다

大 큰 대 / 두 발과 두 다리를 편안히 한 사람의 모습
有 있을 유 / 고기(肉) + 손(又)
　　　　　　고기를 손에 들고 있다 또는 고기 등의 식사를 권하다

따라쓰기

☰
☰

화천대유(火天大有)

내 마음이 맑고 밝아진다

1. 서두르지 않으면 마음이 편안하다
2. 자기의 일에 최선을 다한다
3. 솔직하고 성실할 것을 생각한다
4. 내가 노력해서 얻은 것이 진짜 나의 것이다
5. 원칙을 지키고 대화로 소통한다
6. 나보다 뛰어난 사람의 말과 행동을 배운다

사치와 허영을 멀리하고 근검 절약하며 저축한다

15

지산겸 (地山謙)

잘 익은 벼는 고개를 숙인다

1. 겸손하여 사람들에게 믿음을 준다
2. 참다운 인성을 배워서 기초를 튼실히 한다
3. 크게 이루어졌어도 뽐내지 않는다
4. 시키지 않아도 먼저 실천한다
5. 욕심내지 않는 것이 참된 군자이다
6. 나를 되돌아보는 일기를 쓴다

유종의 미(美)를 거두고
따뜻한 마음을 나눈다

謙 겸손할 겸 / 말(言) + 아우르다(兼), 렴(廉)과 통용, 단정한 언행, 삼가다

따라쓰기

지산겸 (地山謙)

잘 익은 벼는 고개를 숙인다

1. 겸손하여 사람들에게 믿음을 준다
2. 참다운 인성을 배워서 기초를 튼실히 한다
3. 크게 이루어졌어도 뽐내지 않는다
4. 시키지 않아도 먼저 실천한다
5. 욕심내지 않는 것이 참된 군자이다
6. 나를 되돌아보는 일기를 쓴다

유종의 미(美)를 거두고
따뜻한 마음을 나눈다

16

뢰지예 (雷地豫)

뜻이 크게 행해져서 풍성한 결과를 얻는다

1. 말과 행동을 신중하게 한다
2. 자신의 본분을 충실히 한다
3. 나의 몸가짐을 꼼꼼히 살핀다
4. 바른 생각으로 올곧은 믿음을 실천한다
5. 모범이 되는 사람의 충고를 듣는다
6. 성실하게 행동하면 실패하지 않는다

**진솔한 믿음으로 사람들과 소통하면
나를 믿고 따르게 된다**

豫 미리 예 / 코끼리(象) + 평온함(子)
　몸짓이 크고 너그러운 코끼리와 같이 심신이 편안하고 즐거움

따라쓰기

뢰지예 (雷地豫)

뜻이 크게 행해져서 풍성한 결과를 얻는다

1. 말과 행동을 신중하게 한다
2. 자신의 본분을 충실히 한다
3. 나의 몸가짐을 꼼꼼히 살핀다
4. 바른 생각으로 올곧은 믿음을 실천한다
5. 모범이 되는 사람의 충고를 듣는다
6. 성실하게 행동하면 실패하지 않는다

**진솔한 믿음으로 사람들과 소통하면
나를 믿고 따르게 된다**

17

택뢰수(澤雷隨)

슬기롭고 부드럽게 화합한다

1. 새로운 기분으로 일에 최선을 다한다
2. 지금 현재의 내 몸가짐을 잘 살핀다
3. 나의 본분을 잊지 않고 지킨다
4. 욕심을 내면 좋은 결과를 얻지 못한다
5. 성실함은 서로를 믿고 따르게 한다
6. 참된 마음을 모아 힘을 보탠다

윗사람이 이끌고 아랫사람이 따른다

隨 따를 수 / 辶(발걸음) + 隋(무너져내림), 긴장이 풀린 상태로 걸어감

따라쓰기

택뢰수(澤雷隨)

슬기롭고 부드럽게 화합한다

1. 새로운 기분으로 일에 최선을 다한다
2. 지금 현재의 내 몸가짐을 잘 살핀다
3. 나의 본분을 잊지 않고 지킨다
4. 욕심을 내면 좋은 결과를 얻지 못한다
5. 성실함은 서로를 믿고 따르게 한다
6. 참된 마음을 모아 힘을 보탠다

윗사람이 이끌고 아랫사람이 따른다

18

산풍고(山風蠱)

새롭게 다시 시작한다

1. 나를 힘들게 했던 일을 정리한다
2. 새롭게 시작할 땐 각오를 단단히 한다
3. 작심삼일로 끝나면 안 된다
4. 어려움이 있으면 윗사람께 도와달라고 한다
5. 차분한 마음으로 한 걸음씩 가도록 한다
6. 바른 생각으로 실천하니 몸과 마음이 즐겁다

겸손함을 잃지 않으면 실수하지 않는다

蠱 벌레 충 / 그릇(皿) + 벌레(蟲), 그릇에 담은 음식에 벌레가 생기다

따라쓰기

산풍고(山風蠱)

새롭게 다시 시작한다

1. 나를 힘들게 했던 일을 정리한다
2. 새롭게 시작할 땐 각오를 단단히 한다
3. 작심삼일로 끝나면 안 된다
4. 어려움이 있으면 윗사람께 도와달라고 한다
5. 차분한 마음으로 한 걸음씩 가도록 한다
6. 바른 생각으로 실천하니 몸과 마음이 즐겁다

겸손함을 잃지 않으면 실수하지 않는다

19

지택 림 (地澤臨)

맑고 밝고 상쾌하다

1. 나의 다짐을 바르게 실천한다
2. 사람들이 나를 격려하고 응원한다
3. 뒷정리를 잘해야 한다
4. 지나치지 않으니 마음자리도 넉넉하다
5. 서로 화합하고 노력하니 좋다
6. 풍요로운 생각은 건강한 나를 만든다

적극적인 지지와 응원은 최고의 영양제이다

臨임할 림/ 위로부터 내려다보니 수많은 물건이 있음

따라쓰기

지택림 (地澤臨)

맑고 밝고 상쾌하다

1. 나의 다짐을 바르게 실천한다
2. 사람들이 나를 격려하고 응원한다
3. 뒷정리를 잘해야 한다
4. 지나치지 않으니 마음자리도 넉넉하다
5. 서로 화합하고 노력하니 좋다
6. 풍요로운 생각은 건강한 나를 만든다

적극적인 지지와 응원은 최고의 영양제이다

20

풍지관 (風地觀)

바람이 세차게 불어오다

1. 진솔함을 알면 반성한다
2. 말과 행동을 신중히 한다
3. 지나치면 손해를 입게 된다
4. 몸과 마음을 바르게 한다
5. 겸손하니 복이 쌓인다
6. 내가 나를 제일 잘 안다

유순하고 바름을 실천하는 사람이 최고의 인재다

觀 볼 관/ 눈언저리가 붉은 황새가 눈을 크게 뜨고 자세히 살피다

따라쓰기

풍지관(風地觀)

바람이 세차게 불어오다

1. 진솔함을 알면 반성한다
2. 말과 행동을 신중히 한다
3. 지나치면 손해를 입게 된다
4. 몸과 마음을 바르게 한다
5. 겸손하니 복이 쌓인다
6. 내가 나를 제일 잘 안다

유순하고 바름을 실천하는 사람이 최고의 인재다

21

화뢰서합(火雷噬嗑)
다시 한번 되새겨본다

1. 서두르지 말고 기다린다
2. 차분한 목소리로 상대방과 소통한다
3. 잘못된 것은 올바르게 고친다
4. 성실하니 사람들이 진심으로 믿는다
5. 참된 마음이 더욱 밝아진다
6. 노력하면 결과가 좋아진다

잘 씹어 삼키듯 그 뜻을 면밀히 살피고 알아야 한다

噬 깨물 서 / 口(입) +筮(죄하다), 잘 씹어먹다
嗑 씹을 합/ 口(입) + 盍(뚜껑을 덮다), 윗니 아랫니가 맞물리다

따라쓰기

화뢰서합(火雷噬嗑)

다시 한번 되새겨본다

1. 서두르지 말고 기다린다
2. 차분한 목소리로 상대방과 소통한다
3. 잘못된 것은 올바르게 고친다
4. 성실하니 사람들이 진심으로 믿는다
5. 참된 마음이 더욱 밝아진다
6. 노력하면 결과가 좋아진다

잘 씹어 삼키듯 그 뜻을 면밀히 살피고 알아야 한다

22

산화비 (山火賁)

소박하게 꾸며야 아름답다

1. 처음의 마음 자세로 돌아간다
2. 반성하고 노력한다
3. 밝은 생각이 중요하다
4. 세밀히 살피고 준비한다
5. 지혜로운 사람의 도움을 받는다
6. 꾸미지 않은 나의 모습이 진짜다

결실을 잘 맺고 수확을 잘하고 저장을 잘한다

賁 꾸밀 비 / 조개에 다양한 무늬와 색이 뒤섞여서 달라붙어 있는 모양

따라쓰기

산화비(山火賁)

소박하게 꾸며야 아름답다

1. 처음의 마음 자세로 돌아간다
2. 반성하고 노력한다
3. 밝은 생각이 중요하다
4. 세밀히 살피고 준비한다
5. 지혜로운 사람의 도움을 받는다
6. 꾸미지 않은 나의 모습이 진짜다

결실을 잘 맺고 수확을 잘하고 저장을 잘한다

23

산지박(山地剝)

바다 같은 마음으로 따뜻하게 품는다

1. 정직함은 믿음의 기초이다
2. 중심이 흔들리지 않게 한다
3. 겸손한 말과 행동이 중요하다
4. 검소하게 하고 저축한다
5. 자상한 마음 씀씀이를 실천한다
6. 잘 배워서 세상을 밝게 한다

**사람들과 공평하게 나누고
어려운 이웃을 위해 남겨둔다**

剝 깎을 박 / 칼로 썰어내다, 칼로 째다, 칼로 벗겨내다

따라쓰기

산지박(山地剝)

바다 같은 마음으로 따뜻하게 품는다

1. 정직함은 믿음의 기초이다
2. 중심이 흔들리지 않게 한다
3. 겸손한 말과 행동이 중요하다
4. 검소하게 하고 저축한다
5. 자상한 마음 씀씀이를 실천한다
6. 잘 배워서 세상을 밝게 한다

사람들과 공평하게 나누고
어려운 이웃을 위해 남겨둔다

24

지뢰복(地雷復)

봄처럼 싱그럽다

1. 잘못한 것은 그 즉시 고친다
2. 나의 진심을 알린다
3. 긍정적인 생각을 한다
4. 나를 위한 충고를 잘 듣는다
5. 몸과 마음이 편안해진다
6. 나를 지지하고 응원한다

어려움을 극복하고 원상태로 되돌아간다

復 회복할 복 / 통통한 뒤집힌 술항아리를 되 뒤집어놓은 모양
夊 발길을 되돌리는 모양

따라쓰기

지뢰복(地雷復)

봄처럼 싱그럽다

1. 잘못한 것은 그 즉시 고친다
2. 나의 진심을 알린다
3. 긍정적인 생각을 한다
4. 나를 위한 충고를 잘 듣는다
5. 몸과 마음이 편안해진다
6. 나를 지지하고 응원한다

어려움을 극복하고 원상태로 되돌아간다

25

天雷无妄(천뢰무망)

하늘을 향해 큰소리로 외치다

1. 긍정의 힘을 믿는다
2. 공정한 말과 행동이 중요하다
3. 양보하는 아름다움을 실천한다
4. 자신 스스로를 갈고 닦는다
5. 지성이면 감천이다
6. 진솔한 벗의 충고를 듣는다

공손히 윗사람을 따르니 일이 순조롭다

无 없을 무 / 無의 奇字 / 춤을 추다, 假借하여 "없다"
妄 망령될 망 / 女(소리) +盲(앞을 못 보는 사람), 도리에 어둡다

따라쓰기

天雷无妄(천뢰무망)

하늘을 향해 큰소리로 외치다

1. 긍정의 힘을 믿는다
2. 공정한 말과 행동이 중요하다
3. 양보하는 아름다움을 실천한다
4. 자신 스스로를 갈고 닦는다
5. 지성이면 감천이다
6. 진솔한 벗의 충고를 듣는다

공손히 윗사람을 따르니 일이 순조롭다

26

산천대축(山天大畜)

티끌 모아 태산을 이룬다

1. 양보하는 것부터 시작한다
2. 충고를 듣고 나를 섬세하게 살핀다
3. 돌다리도 두드리듯 반복한다
4. 서로가 이해하고 배려한다
5. 가장 먼저 해야 할 것부터 한다
6. 스스로 경험하여 바르게 실천한다

**옛 성현의 가르침을 배우고 익혀서
어진 덕(德)을 베푼다**

山 뫼 산 / 산의 모양, 여러 가지 종류의 산

따라쓰기

산천대축(山天大畜)

티끌 모아 태산을 이룬다

1. 양보하는 것부터 시작한다
2. 충고를 듣고 나를 섬세하게 살핀다
3. 돌다리도 두드리듯 반복한다
4. 서로가 이해하고 배려한다
5. 가장 먼저 해야 할 것부터 한다
6. 스스로 경험하여 바르게 실천한다

옛 성현의 가르침을 배우고 익혀서
어진 덕(德)을 베푼다

27

산뢰이(山雷頤)

몸과 마음이 편안한 곳에서 휴식한다

1. 밝은 생각을 잃으면 악(惡)해진다
2. 말과 행동은 무겁게 한다
3. 중심을 잡지 못한 채 흔들리면 안 된다
4. 적절한 때를 기다리며 준비한다
5. 기초를 다시 한번 튼튼히 한다
6. 항상 나를 되돌아보는 자세를 갖는다

선행(善行)은 실천하는 것이다

頤 턱 이, 기를 이 / 젖을 먹일 수 있는 가슴을 뜻함, 기르다

따라쓰기

산뢰이(山雷頤)

몸과 마음이 편안한 곳에서 휴식한다

1. 밝은 생각을 잃으면 악(惡)해진다
2. 말과 행동은 무겁게 한다
3. 중심을 잡지 못한 채 흔들리면 안 된다
4. 적절한 때를 기다리며 준비한다
5. 기초를 다시 한번 튼튼히 한다
6. 항상 나를 되돌아보는 자세를 갖는다

선행(善行)은 실천하는 것이다

28

택풍대과(澤風大過)

세상에 당당하라

1. 가장 먼저 해야 할 것은 겸손과 절제이다
2. 경험이 있어야 리더십을 발휘한다
3. 다툼은 모두를 지치게 한다
4. 일은 여럿이 함께 한다
5. 즐거운 것도 지나치면 흉(凶)하다
6. 자신의 모습을 돌아보는 것이 좋다

물질보다 마음이 먼저여야 한다

過 지나갈 과 / 越과 통용, 먼 곳을 지나가다 지나치다

따라쓰기

택풍대과(澤風大過)

세상에 당당하라

1. 가장 먼저 해야 할 것은 겸손과 절제이다
2. 경험이 있어야 리더십을 발휘한다
3. 다툼은 모두를 지치게 한다
4. 일은 여럿이 함께 한다
5. 즐거운 것도 지나치면 흉(凶)하다
6. 자신의 모습을 돌아보는 것이 좋다

물질보다 마음이 먼저여야 한다

29

중수감(重水坎)

올바른 친구를 사귀어라

1. 정신을 가다듬고 집중한다
2. 자기의 분수를 지킨다
3. 나쁜 일을 하지 마라
4. 진실한 마음으로 실천한다
5. 배움의 덕을 쌓는다
6. 몸과 마음자리를 닦는다

참다운 스승을 만나서 깊이 있게 배운다

坎 구덩이 감 / 땅바닥에서 입을 벌리고 있는 모양, 함정

따라쓰기

중수감(重水坎)

올바른 친구를 사귀어라

1. 정신을 가다듬고 집중한다
2. 자기의 분수를 지킨다
3. 나쁜 일을 하지 마라
4. 진실한 마음으로 실천한다
5. 배움의 덕을 쌓는다
6. 몸과 마음자리를 닦는다

참다운 스승을 만나서 깊이 있게 배운다

30

중화리 (重火離)

한마음 한뜻으로 품어준다

1. 마음이 편한 곳에 머문다
2. 공부에 최선을 다한다
3. 긍정의 시간을 갖는다
4. 여유로움이 필요하다
5. 나부터 솔선수범한다
6. 바른 일을 실천한다

포용하고 베푸니 넉넉해진다

離 꾀꼬리 리, 떠날 리 / 꾀꼬리, 列 剌와 통용, 칼집을 내어 떼다

따라쓰기

중화리(重火離)

한마음 한뜻으로 품어준다

1. 마음이 편한 곳에 머문다
2. 공부에 최선을 다한다
3. 긍정의 시간을 갖는다
4. 여유로움이 필요하다
5. 나부터 솔선수범한다
6. 바른 일을 실천한다

포용하고 베푸니 넉넉해진다

31

택산함(澤山咸)

서로가 마음을 연다

1. 서로의 마음을 이해한다
2. 사람을 대할 땐 정중하게 한다
3. 중심을 지키는 것이 중요하다
4. 한쪽으로 치우치지 않는다
5. 모두를 포용한다
6. 최선을 다하는 과정이 아름답다

**이 세상은 다양한 모습의 사람들이
조화롭게 살아가는 것이다**

咸 다 함 /큰 도끼의 위압 앞에서 목소리를 내지르는 모양, 모두 같이함

따라쓰기

택산함(澤山咸)

서로가 마음을 연다

1. 서로의 마음을 이해한다
2. 사람을 대할 땐 정중하게 한다
3. 중심을 지키는 것이 중요하다
4. 한쪽으로 치우치지 않는다
5. 모두를 포용한다
6. 최선을 다하는 과정이 아름답다

이 세상은 다양한 모습의 사람들이 조화롭게 살아가는 것이다

32

뇌풍항(雷風恒)

해와 달 같이 한결같다

1. 성실하면 주변에서도 돕는다
2. 밝고 맑은 마음자세를 갖춘다
3. 경솔한 행동을 하면 안 된다
4. 자신이 있어야 할 곳을 찾는다
5. 겸손과 양보를 실천한다
6. 조급하지 않아도 된다

변함없는 규칙을 잘 지켜가는 것이다

恒 항상 항 / 한쪽에서 다른 한쪽으로 항상 건너가는 모양
달이 하늘과 땅 사이를 운행하는 모양
강변과 강변을 배를 타고 이동하여 마음이 안정된 모양

따라쓰기

뇌풍항(雷風恒)

해와 달 같이 한결같다

1. 성실하면 주변에서도 돕는다
2. 밝고 맑은 마음자세를 갖춘다
3. 경솔한 행동을 하면 안 된다
4. 자신이 있어야 할 곳을 찾는다
5. 겸손과 양보를 실천한다
6. 조급하지 않아도 된다

변함없는 규칙을 잘 지켜가는 것이다

33

천산돈(天山遯)

산과 들에서 뛰어놀다

1. 가족이나 친구들과 나들이간다
2. 자신의 의지를 굳건히 한다
3. 겸손한 자세는 좋은 일의 근본이다
4. 정리정돈을 잘한다
5. 시작과 끝을 성실히 한다
6. 바르게 행동하는 모습이 아름답다

양보하고 배려하면 몸과 마음이 즐겁다

遯 달아날 돈 / (盾과 통용)몸을 가리는 방패,
방패 뒤로 몸을 숨기며 달아나다

따라쓰기

천산돈(天山遯)

산과 들에서 뛰어놀다

1. 가족이나 친구들과 나들이간다
2. 자신의 의지를 굳건히 한다
3. 겸손한 자세는 좋은 일의 근본이다
4. 정리정돈을 잘한다
5. 시작과 끝을 성실히 한다
6. 바르게 행동하는 모습이 아름답다

양보하고 배려하면 몸과 마음이 즐겁다

34

뇌천대장 (雷天大壯)

꼼꼼히 살펴서 함께한다

1. 충분히 관찰해서 힘을 조절한다
2. 어질고 바르게 대한다
3. 상황을 잘 판단하여 행동한다
4. 끈기 있고 성실하니 결과가 좋다
5. 넓은 안목을 갖춘다
6. 부드럽게 소통한다

**안으로는 강하고 밖으로는 부드럽고
씩씩하게 행동한다**

壯 / 키가 큰 남자, 씩씩하다, 혈기가 왕성하다

따라쓰기

뇌천대장(雷天大壯)

꼼꼼히 살펴서 함께한다

1. 충분히 관찰해서 힘을 조절한다
2. 어질고 바르게 대한다
3. 상황을 잘 판단하여 행동한다
4. 끈기 있고 성실하니 결과가 좋다
5. 넓은 안목을 갖춘다
6. 부드럽게 소통한다

**안으로는 강하고 밖으로는 부드럽고
씩씩하게 행동한다**

35

화지진 (火地晉)

넉넉하고 여유롭고 평온하다

1. 기초를 다진다
2. 바르게 행동하니 걱정이 없다
3. 뛰어난 리더십을 발휘한다
4. 욕심을 가지면 안 된다
5. 공정하게 최선을 다하니 명예롭다
6. 모든 일은 자신을 갈고 닦음에 있다

땅 위로 밝은 태양이 떠오르듯 밝은 생각을 펼친다

晉 나아갈 진 / 進과 통용, 두 대의 화살을 그릇에 꽂아둔 모양, 나아가다

따라쓰기

화지진(火地晉)

넉넉하고 여유롭고 평온하다

1. 기초를 다진다
2. 바르게 행동하니 걱정이 없다
3. 뛰어난 리더십을 발휘한다
4. 욕심을 가지면 안 된다
5. 공정하게 최선을 다하니 명예롭다
6. 모든 일은 자신을 갈고 닦음에 있다

땅 위로 밝은 태양이 떠오르듯 밝은 생각을 펼친다

36

지화명이 (地火明夷)

흔들림 없이 올곧게 하다

1. 휴식이 필요할 때가 있다
2. 어려움이 오기 전에 대비한다
3. 때가 될 때까지 힘을 기른다
4. 문제가 발생하기 전에 멈춘다
5. 올바른 마음가짐을 갖춘다
6. 시작이 있으면 끝도 있다

안으로 살피고 밖으로 포용하여 사랑한다

明 밝을 명 / 日(창문 囧) +月(달) 창문에 비친 달, 사리에 밝음, 현명함
夷 상할 이 / 줄이 감긴 화살 大(크다) +弓(활), 꿰뚫음, 명백함

따라쓰기

지화명이 (地火明夷)

흔들림 없이 올곧게 하다

1. 휴식이 필요할 때가 있다
2. 어려움이 오기 전에 대비한다
3. 때가 될 때까지 힘을 기른다
4. 문제가 발생하기 전에 멈춘다
5. 올바른 마음가짐을 갖춘다
6. 시작이 있으면 끝도 있다

안으로 살피고 밖으로 포용하여 사랑한다

37

풍화가인 (風火家人)

따사로운 봄같은 날들이다

1. 기초가 튼튼하니 곧고 바르다
2. 나의 가족 모두가 사랑스럽다
3. 약간 부족한 것도 좋다
4. 내가 세상의 기준이 된다
5. 참다운 어진 덕(德)을 갖추었다
6. 모두가 올바름으로 아껴주고 힘이 된다

꽃향기 가득하고 소중한 열매도 익었다

家 집 가 / 돼지 따위의 희생을 올리는 집안의 신성한 곳
집, 건물, 가족, 학문이 뛰어난 자

따라쓰기

풍화가인(風火家人)

따사로운 봄같은 날들이다

1. 기초가 튼튼하니 곧고 바르다
2. 나의 가족 모두가 사랑스럽다
3. 약간 부족한 것도 좋다
4. 내가 세상의 기준이 된다
5. 참다운 어진 덕(德)을 갖추었다
6. 모두가 올바름으로 아껴주고 힘이 된다

꽃향기 가득하고 소중한 열매도 익었다

38

화택규(火澤睽)

하나의 목표를 분명하게 정하자

1. 곤란한 일이 생기면 그 즉시 푼다
2. 오해는 진솔한 말과 행동으로 해결한다
3. 기분 좋게 마무리한다
4. 참된 벗을 가까이한다
5. 최선을 다해 노력한다
6. 진실을 알고 사이좋게 지낸다

얇은 얼음을 밟듯이 조심해야 한다

睽 어긋날 규 / 좌우의 눈이 서로 등져서 보이는 지점이 일치하지 않기에 같은 것을 볼 수 없다

따라쓰기

화택규(火澤睽)

하나의 목표를 분명하게 정하자

1. 곤란한 일이 생기면 그 즉시 푼다
2. 오해는 진술한 말과 행동으로 해결한다
3. 기분 좋게 마무리한다
4. 참된 벗을 가까이한다
5. 최선을 다해 노력한다
6. 진실을 알고 사이좋게 지낸다

얇은 얼음을 밟듯이 조심해야 한다

39

수산건 (水山蹇)

실패나 좌절을 두려워하지 않는다

1. 지혜를 갖추도록 책을 읽는다
2. 최선을 다한 너에게 박수를 보낸다
3. 주변 사람들과 사이좋게 지낸다
4. 힘들수록 마음자리를 굳건히 한다
5. 뜻이 깊은 스승의 가르침을 배운다
6. 서로 마음을 합하니 좋은 결과를 얻는다

참되고 진솔하게 자신을 되돌아 본다

蹇 절뚝발이 건 / 추워서 몸을 우추리다, 발이 굽은 절뚝발이, 고생하다

따라쓰기

수산건(水山蹇)

실패나 좌절을 두려워하지 않는다

1. 지혜를 갖추도록 책을 읽는다
2. 최선을 다한 너에게 박수를 보낸다
3. 주변 사람들과 사이좋게 지낸다
4. 힘들수록 마음자리를 굳건히 한다
5. 뜻이 깊은 스승의 가르침을 배운다
6. 서로 마음을 합하니 좋은 결과를 얻는다

참되고 진솔하게 자신을 되돌아 본다

40

뇌수해 (雷水解)

봄이 되니 깊은 산속의 얼음이 녹아 흐른다

1. 어려움이 봄눈 녹듯이 한다
2. 이간질하는 말과 행동을 멀리한다
3. 자신의 능력만큼만 한다
4. 모범을 보인 윗사람을 따른다
5. 나의 가족부터 사랑한다
6. 풍부한 경험이 바탕이 된다

오로지 배우는 자세로 최선을 다한다

解 풀 해 / 쇠뿔에 손을 걸쳐올리다, 칼로 소를 해체하다, 얽힌 것을 풀다

따라쓰기

뇌수해 (雷水解)

봄이 되니 깊은 산속의 얼음이 녹아 흐른다

1. 어려움이 봄눈 녹듯이 한다
2. 이간질하는 말과 행동을 멀리한다
3. 자신의 능력만큼만 한다
4. 모범을 보인 윗사람을 따른다
5. 나의 가족부터 사랑한다
6. 풍부한 경험이 바탕이 된다

오로지 배우는 자세로 최선을 다한다

41

산택 손(山澤損)

화내지 않고 욕심내지 않는다

1. 작은 것부터 시작한다
2. 강직한 마음자세를 갖춘다
3. 부족한 것을 보충한다
4. 몸과 마음을 건강하게 한다
5. 밝은 생각이 근본이다
6. 넉넉한 마음으로 나누고 베푼다

노력하여 큰 보람을 얻는 것이다

損 덜어낼 손 / 손으로 무언가를 떨어뜨리는 모양, 감소하다, 잃어버리다

따라쓰기

산택 손(山澤損)

화내지 않고 욕심내지 않는다

1. 작은 것부터 시작한다
2. 강직한 마음자세를 갖춘다
3. 부족한 것을 보충한다
4. 몸과 마음을 건강하게 한다
5. 밝은 생각이 근본이다
6. 넉넉한 마음으로 나누고 베푼다

노력하여 큰 보람을 얻는 것이다

42

풍뢰익 (風雷益)

착함은 부드러운 바람같이 실천한다

1. 올바른 생각은 믿음을 준다
2. 안정된 마음으로 공부를 한다
3. 어떤 경우라도 바름을 지킨다
4. 다양한 의견을 공손히 듣는다
5. 겸손한 자세로 실천한다
6. 한 번의 실수라도 철저히 반성한다

선(善)을 보면 곧바로 실천하고
허물이 있으면 그 즉시 고친다

益 더할 익 / 접시에 음식을 수이 담아놓은 모양, 유익하다, 넉넉하다

따라쓰기

풍뢰익 (風雷益)

착함은 부드러운 바람같이 실천한다

1. 올바른 생각은 믿음을 준다
2. 안정된 마음으로 공부를 한다
3. 어떤 경우라도 바름을 지킨다
4. 다양한 의견을 공손히 듣는다
5. 겸손한 자세로 실천한다
6. 한 번의 실수라도 철저히 반성한다

**선(善)을 보면 곧바로 실천하고
허물이 있으면 그 즉시 고친다**

43

택천쾌 (澤天夬)

나쁜 감정은 나의 몸과 마음을 다치게 한다

1. 감정에 휘둘리지 않는다
2. 철저하고 세밀히 준비한다
3. 세 번 깊이 생각한 후에 한다
4. 생각이 복잡하면 윗사람께 도움을 청한다
5. 결정할 땐 신중히 한다
6. 성실함을 지키고 실천하면 허물이 없다

잘한 것과 잘못한 것을 되돌아보고 반성한다

夬 결단할 쾌 / 상아 따위로 만들어 활시위를 당기기 위한 깍지를 손가락에 낀 모양, 결단하다

따라쓰기

택천쾌 (澤天夬)

나쁜 감정은 나의 몸과 마음을 다치게 한다

1. 감정에 휘둘리지 않는다
2. 철저하고 세밀히 준비한다
3. 세 번 깊이 생각한 후에 한다
4. 생각이 복잡하면 윗사람께 도움을 청한다
5. 결정할 땐 신중히 한다
6. 성실함을 지키고 실천하면 허물이 없다

잘한 것과 잘못한 것을 되돌아보고 반성한다

44

천풍구(天風姤)

마음가짐을 단단히 하여 바르고 길하다

1. 잘못된 생각을 버린다
2. 지나친 욕심을 내지 않는다
3. 차근차근 배우고 익힌다
4. 나쁜 생각을 한다면 즉시 멈춰라
5. 지혜와 덕(德)을 배운다
6. 자신부터 따뜻하게 사랑한다

좋은 멘토의 도움을 받아 마음가짐을 굳건히 한다

后 만날 구 / 厚와 遇 통용 두껍다, 두텁다, 만나다
女가 붙어서 여성의 아름다움

따라쓰기

천풍구(天風姤)

마음가짐을 단단히 하여 바르고 길하다

1. 잘못된 생각을 버린다
2. 지나친 욕심을 내지 않는다
3. 차근차근 배우고 익힌다
4. 나쁜 생각을 한다면 즉시 멈춰라
5. 지혜와 덕(德)을 배운다
6. 자신부터 따뜻하게 사랑한다

좋은 멘토의 도움을 받아 마음가짐을 굳건히 한다

45

택지췌 (澤地萃)

하나씩 준비를 철저히 잘한다

1. 배우거나 익힐 땐 진솔히 한다
2. 좋은 벗들과 함께 한다
3. 윗사람의 말씀을 듣는다
4. 겸손한 자세로 믿음을 얻는다
5. 갈고 닦으며 기초를 다진다
6. 마무리를 잘하도록 한다

미리 알아서 앞으로의 일을 대비해야 하는 것이다

萃 모을 췌 / 쭈(마지막까지 다다르다) 풀이 풀다움의 극한에 이르다

따라쓰기

택지췌 (澤地萃)

하나씩 준비를 철저히 잘한다

1. 배우거나 익힐 땐 진솔히 한다
2. 좋은 벗들과 함께 한다
3. 윗사람의 말씀을 듣는다
4. 겸손한 자세로 믿음을 얻는다
5. 갈고 닦으며 기초를 다진다
6. 마무리를 잘하도록 한다

미리 알아서 앞으로의 일을 대비해야 하는 것이다

46

지풍승(地風升)

씨앗을 뿌리고 열매를 맺는다

1. 위와 아래가 한마음으로 다가선다
2. 융통성을 발휘하여 소통한다
3. 너그럽고 여유롭게 한다
4. 참되고 성실한 자세를 지킨다
5. 겸손함을 잃지 않는다
6. 부족한 듯 모자란 것이 좋다

작은 것을 쌓아서 큰 것을 이룬다

升 오를 승 / 구기의 술바닥 속에 물건을 넣는 모양, 용량의 단위, 오르다

따라쓰기

지풍승(地風升)

씨앗을 뿌리고 열매를 맺는다

1. 위와 아래가 한마음으로 다가선다
2. 융통성을 발휘하여 소통한다
3. 너그럽고 여유롭게 한다
4. 참되고 성실한 자세를 지킨다
5. 겸손함을 잃지 않는다
6. 부족한 듯 모자란 것이 좋다

작은 것을 쌓아서 큰 것을 이룬다

47

택수곤(澤水困)

꾸준히 배우고 익혀서 실력을 갖춘다

1. 분수를 지킨다
2. 배움을 게을리하지 않는다
3. 반드시 스승의 지혜를 구한다
4. 자신감을 회복한다
5. 성실히 행동하여 소통한다
6. 자신의 문제점을 냉철히 파악한다

세상에서 가장 소중한 것은 내 자신이다

困 곤할 곤 / 나무가 울타리 안에서 자라지 못하는 모양, 괴로움, 피곤함

따라쓰기

택수곤(澤水困)

꾸준히 배우고 익혀서 실력을 갖춘다

1. 분수를 지킨다
2. 배움을 게을리하지 않는다
3. 반드시 스승의 지혜를 구한다
4. 자신감을 회복한다
5. 성실히 행동하여 소통한다
6. 자신의 문제점을 냉철히 파악한다

세상에서 가장 소중한 것은 내 자신이다

48

수풍정 (水風井)

잃을 것이 없다

1. 착실히 다시 시작한다
2. 시행착오를 교훈으로 삼는다
3. 실천하며 노력하는 것이 중요하다
4. 실수하지 않도록 한다
5. 맑은 내 마음을 되찾는다
6. 서로 돕고 서로 나눈다

지치고 힘든 것을 회복하여 편안함을 얻는다

井 / 우물을 본뜬 모양

따라쓰기

수풍정(水風井)

잃을 것이 없다

1. 착실히 다시 시작한다
2. 시행착오를 교훈으로 삼는다
3. 실천하며 노력하는 것이 중요하다
4. 실수하지 않도록 한다
5. 맑은 내 마음을 되찾는다
6. 서로 돕고 서로 나눈다

지치고 힘든 것을 회복하여 편안함을 얻는다

49

택화혁 (澤火革)

확실하게 바꾼다

1. 잘못된 것을 파악한다
2. 충고와 격려를 받아들인다
3. 신중히 판단하여 바꿀 것을 정한다
4. 새로운 변화를 시도한다
5. 계획을 잘 세워서 진행한다
6. 지혜로운 사람은 넉넉하다

서로가 서로를 변화하도록 노력하고 실천한다

革 가죽 혁 / 머리부터 꼬리까지 벗긴 짐승의 가죽, 갑옷, 개혁하다

따라쓰기

택화혁 (澤火革)

확실하게 바꾼다

1. 잘못된 것을 파악한다
2. 충고와 격려를 받아들인다
3. 신중히 판단하여 바꿀 것을 정한다
4. 새로운 변화를 시도한다
5. 계획을 잘 세워서 진행한다
6. 지혜로운 사람은 넉넉하다

서로가 서로를 변화하도록 노력하고 실천한다

50

화풍정 (火風鼎)

서로 돕고 힘을 합친다

1. 좋은 일이 시작된다
2. 사람들이 나를 믿고 따른다
3. 바른 인성과 재능을 갖춘다
4. 욕심을 내면 일을 망치게 된다
5. 굳건한 의지가 필요하다
6. 정겹게 소통한다

밝고 총명한 사람들이 모여서 큰일을 해낸다

鼎 솥 정 / 세발솥을 본뜬 모양, 국가, 왕

따라쓰기

화풍정(火風鼎)

서로 돕고 힘을 합친다

1. 좋은 일이 시작된다
2. 사람들이 나를 믿고 따른다
3. 바른 인성과 재능을 갖춘다
4. 욕심을 내면 일을 망치게 된다
5. 굳건한 의지가 필요하다
6. 정겹게 소통한다

밝고 총명한 사람들이 모여서 큰일을 해낸다

51

중뢰진 (重雷震)

진심을 다해 갈고 닦으며 반성한다

1. 지난 것을 잘 살펴서 기준을 삼는다
2. 중심을 잘 잡는 것이 중요하다
3. 양심을 지키면 떳떳하다
4. 하던 일을 잠시 멈춘다
5. 자기의 본분을 지킨다
6. 주변의 도움으로 이겨낸다

긍정의 힘으로 어려움을 극복한다

震 우레 진 / 우레와 천둥에 사람이 놀라는 모습, 辰 – 떨리는 사람의 입술

따라쓰기

중뢰진(重雷震)

진심을 다해 갈고 닦으며 반성한다

1. 지난 것을 잘 살펴서 기준을 삼는다
2. 중심을 잘 잡는 것이 중요하다
3. 양심을 지키면 떳떳하다
4. 하던 일을 잠시 멈춘다
5. 자기의 본분을 지킨다
6. 주변의 도움으로 이겨낸다

긍정의 힘으로 어려움을 극복한다

52

중산간(重山艮)

깊은 산속 맑은 공기를 마시다

1. 멈춰야 할 때를 안다
2. 소통이 안될 땐 멈춘다
3. 힘들지만 중심을 지킨다
4. 복잡한 생각이 가라앉는다
5. 모든 것이 바르게 된다
6. 겸손함으로 마무리한다

예절을 지키고 마음을 안정시킨다

艮 그칠 간 / 사람의 눈을 강조, 허리를 구부려 시선을 마주하지 못하는 사람의 모양

따라쓰기

중산간(重山艮)

깊은 산속 맑은 공기를 마시다

1. 멈춰야 할 때를 안다
2. 소통이 안될땐 멈춘다
3. 힘들지만 중심을 지킨다
4. 복잡한 생각이 가라앉는다
5. 모든 것이 바르게 된다
6. 겸손함으로 마무리 한다

예절을 지키고 마음을 안정시킨다

53

풍산점 (風山漸)

인재들이 모여 세상을 밝게 만들다

1. 천천히 전진한다
2. 사람들과 소통이 잘된다
3. 겸손하고 능력도 돋보인다
4. 바른 마음을 잃지 않는다
5. 시작과 끝을 생각한다
6. 기초가 튼튼하니 어디서든 뛰어나다

올바르게 배우고 익히니 사람들의 인성이 아름답다

漸 점차 점 / 물의 흐름을 서서히 끊다, 순서대로 하다, 험악한 모습

따라쓰기

풍산점(風山漸)

인재들이 모여 세상을 밝게 만들다

1. 천천히 전진한다
2. 사람들과 소통이 잘된다
3. 겸손하고 능력도 돋보인다
4. 바른 마음을 잃지 않는다
5. 시작과 끝을 생각한다
6. 기초가 튼튼하니 어디서든 뛰어나다

올바르게 배우고 익히니 사람들의 인성이 아름답다

54

뇌택귀매 (雷澤歸妹)

세상의 근본이 한결같음이라

1. 윗사람의 뜻을 따른다
2. 바른 몸가짐을 갖춘다
3. 조급하게 서둘지 않는다
4. 더 좋은 때를 기다린다
5. 바른 생각으로 세상을 본다
6. 자신의 능력에 맞게 마무리한다

올바른 말과 행동으로 세상의 모범이 된다

歸 돌아갈 귀 / 신(神)에게 바치는 날고기, 돌아가다,
돌려보내다, 뒤따르다
妹 누이 매/ 어린 여동생, 손아래 누이동생, 젊은 여성

따라쓰기

뇌택귀매(雷澤歸妹)

세상의 근본이 한결같음이라

1. 윗사람의 뜻을 따른다
2. 바른 몸가짐을 갖춘다
3. 조급하게 서둘지 않는다
4. 더 좋은 때를 기다린다
5. 바른 생각으로 세상을 본다
6. 자신의 능력에 맞게 마무리한다

올바른 말과 행동으로 세상의 모범이 된다

55

뇌화풍(雷火豊)

밝은 울림이 세상을 밝고 풍요롭게 하다

1. 서로 돕고 의리를 지킨다
2. 말과 행동을 성실히 한다
3. 자만하면 안 된다
4. 올바른 벗과 사귄다
5. 새바람을 일으킨다
6. 나의 것을 나누고 베푼다

진실한 마음으로써 실천한다

豊 풍성할 풍 / 장식이 달린 굽이 있는 그릇의 모양
풍성하게 담긴 제기의 모습

따라쓰기

뇌화풍(雷火豊)

밝은 울림이 세상을 밝고 풍요롭게 하다

1. 서로 돕고 의리를 지킨다
2. 말과 행동을 성실히 한다
3. 자만하면 안 된다
4. 올바른 벗과 사귄다
5. 새바람을 일으킨다
6. 나의 것을 나누고 베푼다

진실한 마음으로써 실천한다

56

화산려 (火山旅)

밝고 정확하게 판단하다

1. 어려움에 빠지지 않게 한다
2. 지치기 전에 휴식을 취한다
3. 부드럽고 공손하게 행동한다
4. 최고의 때를 기다린다
5. 바른 생각을 실천한다
6. 공정한 결정을 한다

매사를 깊이 생각하여 신중히 행동한다

旅 나그네 려 / 많은 사람들이 군대의 깃발을 들고 가는 모습

따라쓰기

화산려(火山旅)

밝고 정확하게 판단하다

1. 어려움에 빠지지 않게 한다
2. 지치기 전에 휴식을 취한다
3. 부드럽고 공손하게 행동한다
4. 최고의 때를 기다린다
5. 바른 생각을 실천한다
6. 공정한 결정을 한다

매사를 깊이 생각하여 신중히 행동한다

57

중풍손(重風巽)

밀어주고 이끌어가다

1. 굳건한 의지가 중요하다
2. 성실히 행동한다
3. 겸손하면 실수하지 않는다
4. 윗사람과 힘을 합친다
5. 좋은 벗과 함께한다
6. 당당한 모습이 믿음직하다

**진실한 마음으로 사람들과 만나고
세상을 밝게 만든다**

巽 공손할 손 / 물건을 괴는 받침대, 손(遜)과 통용 (넘겨주다)

따라쓰기

중풍손(重風巽)

밀어주고 이끌어가다

1. 굳건한 의지가 중요하다
2. 성실히 행동한다
3. 겸손하면 실수하지 않는다
4. 윗사람과 힘을 합친다
5. 좋은 벗과 함께한다
6. 당당한 모습이 믿음직하다

진실한 마음으로 사람들과 만나고
세상을 밝게 만든다

58

중택태(重澤兌)

큰 연못에 물이 가득하다

1. 나의 일이니 즐거운 마음으로 한다
2. 화합하고 조화롭게 한다
3. 억지로 하지 않는다
4. 옳고 그름을 정확히 판단한다
5. 방심하는 태도를 고친다
6. 좋게 시작하고 좋게 마무리한다

서로가 예절을 지키며 만나니 기쁘고 즐겁다

兌 기뻐할 태 / 기도함으로써 맺힌 것이 풀리다

따라쓰기

중택태(重澤兌)

큰 연못에 물이 가득하다

1. 나의 일이니 즐거운 마음으로 한다
2. 화합하고 조화롭게 한다
3. 억지로 하지 않는다
4. 옳고 그름을 정확히 판단한다
5. 방심하는 태도를 고친다
6. 좋게 시작하고 좋게 마무리한다

서로가 예절을 지키며 만나니 기쁘고 즐겁다

59

풍수환(風水渙)

최선을 다해 노력하여 거두어들이다

1. 부드럽게 순응하고 따른다
2. 간절하게 서로를 돕는다
3. 몸과 마음을 정돈한다
4. 함께 뜻을 모아서 큰 결과를 이룬다
5. 끝까지 최선을 다한다
6. 겸손한 자세로 행동으로 한다

자신의 위치를 잘 살펴서 올바르게 행동한다

渙 흩어질 환 / 물이 여러 형태로 변화하다, 흩어지다, 헤어지다

따라쓰기

풍수환(風水渙)

최선을 다해 노력하여 거두어들이다

1. 부드럽게 순응하고 따른다
2. 간절하게 서로를 돕는다
3. 몸과 마음을 정돈한다
4. 함께 뜻을 모아서 큰 결과를 이룬다
5. 끝까지 최선을 다한다
6. 겸손한 자세로 행동으로 한다

자신의 위치를 잘 살펴서 올바르게 행동한다

60

수택절 (水澤節)

지혜로써 그 때에 맞게 바름을 지키다

1. 지난 일을 살펴서 앞으로의 일을 정한다
2. 절도 있게 행동한다
3. 바라는 것이 있으면 절제한다
4. 모든 일이 순조롭다
5. 나와 너를 이어주는 것이 예절이다
6. 처음 품었던 마음을 잃지 않는다

옳고 그름을 판단하여 밝은 예절을 잘 지킨다

節 마디 절 / 竹(대나무의 마디) + 卽(무릎 관절), 마디, 절개, 지조

따라쓰기

수택절(水澤節)

지혜로써 그 때에 맞게 바름을 지키다

1. 지난 일을 살펴서 앞으로의 일을 정한다
2. 절도 있게 행동한다
3. 바라는 것이 있으면 절제한다
4. 모든 일이 순조롭다
5. 나와 너를 이어주는 것이 예절이다
6. 처음 품었던 마음을 잃지 않는다

옳고 그름을 판단하여 밝은 예절을 잘 지킨다

61

풍택 중부(風澤中孚)

산들바람이 연못에 불어오다

1. 부지런히 힘쓴다
2. 진실한 마음으로 서로를 대한다
3. 신중하면 불안하지 않다
4. 올바른 마음자세를 지킨다
5. 세 번 생각하고 말과 행동을 한다
6. 좋은 것도 지나치면 독이 된다

믿음과 의리를 지키는 것은 바르고 유익하다

孚 믿을 부 / 爪(손, 손톱) + 子(갓난아기), 젖먹이를 끌어안다, 기르다

따라쓰기

풍택중부(風澤中孚)

산들바람이 연못에 불어오다

1. 부지런히 힘쓴다
2. 진실한 마음으로 서로를 대한다
3. 신중하면 불안하지 않다
4. 올바른 마음자세를 지킨다
5. 세 번 생각하고 말과 행동을 한다
6. 좋은 것도 지나치면 독이 된다

믿음과 의리를 지키는 것은 바르고 유익하다

62

뇌산소과(雷山小過)

천둥 소리만 산에 울릴 뿐 구름은 적다

1. 완벽할 때까지 반복하여 익힌다
2. 복은 자신의 본분을 지킬 때 이루어진다
3. 준비하지 않으면 실수한다
4. 능력자는 언제나 부드럽고 겸손하다
5. 목표를 위해 자신의 몸과 마음을 조절한다
6. 때가 되면 먼저 움직인다

구름만 가득하고 비는 내리지 않는다

過 지날 과 / 먼 곳을 지나가다, 가는 곳(道)을 지나치다, 허물, 잘못

따라쓰기

뇌산소과(雷山小過)

천둥 소리만 산에 울릴 뿐 구름은 적다

1. 완벽할 때까지 반복하여 익힌다
2. 복은 자신의 본분을 지킬 때 이루어진다
3. 준비하지 않으면 실수한다
4. 능력자는 언제나 부드럽고 겸손하다
5. 목표를 위해 자신의 몸과 마음을 조절한다
6. 때가 되면 먼저 움직인다

구름만 가득하고 비는 내리지 않는다

63

수화기제 (水火旣濟)

모두가 제자리를 찾다

1. 자신의 위치를 살피고 움직인다
2. 옳지 않은 것을 멀리한다
3. 큰 마음자리로 감싸준다
4. 작은 것도 세심하게 관찰한다
5. 진실로 정성을 다해야 한다
6. 서둘지 않고 차근차근 진행한다

어려움이 찾아올 것을 생각하여
미리 준비하여 대비한다

旣 이미 기 / 그릇에 담은 맛있는 음식,
　　　　　　맛있는 음식을 다 먹고 난 후 외면하는 모습
濟 건널 제 / 모두 갖추어져서 강으로 흘러가다, 건너다, 그만두다

따라쓰기

수화기제 (水火旣濟)

모두가 제자리를 찾다

1. 자신의 위치를 살피고 움직인다
2. 옳지 않은 것을 멀리한다
3. 큰 마음자리로 감싸준다
4. 작은 것도 세심하게 관찰한다
5. 진실로 정성을 다해야 한다
6. 서둘지 않고 차근차근 진행한다

어려움이 찾아올 것을 생각하여
미리 준비하여 대비한다

64

화수미제 (火水未濟)

모두가 맨 처음으로 돌아가다

1. 나아갈 수 없음을 안다
2. 올바른 덕(德)을 지킨다
3. 힘을 모아서 함께 이겨낸다
4. 참된 스승을 따라 배우고 익힌다
5. 나의 문제점을 살핀다
6. 사람을 따뜻한 마음으로 대한다

모든 것을 내려놓고 처음으로 되돌아가서 다시 시작한다

未 아닐 미 / 나무에 어린 가지가 뻗어나는 모양, 아니다, 하지 않음, 미래

따라쓰기

화수미제(火水未濟)

모두가 맨 처음으로 돌아가다

1. 나아갈 수 없음을 안다
2. 올바른 덕(德)을 지킨다
3. 힘을 모아서 함께 이겨낸다
4. 참된 스승을 따라 배우고 익힌다
5. 나의 문제점을 살핀다
6. 사람을 따뜻한 마음으로 대한다

모든 것을 내려놓고 처음으로 되돌아가서 다시 시작한다

맺는글

元亨利貞
春夏秋冬
祖父我孫
生老病死
通理修行
諸行無常

德潤齋에서
無性 李民炯

참고문헌

공자가 들려주는 지혜. 李民炯 編著 도서출판 도반

논어집주. 성백효 역주 전통문화연구회

도덕경

대학

도덕경과 함께하는 오늘. 李民炯 著 도서출판 전나무숲

108가지 마음 찾기. 李民炯 著 도서출판 도반

쉽게 풀어쓴 주역풀.이 주역풀이연구회 일문서적

六爻總秘典 秋松鶴 生活文化社

周易으로 세상을 보다. 李民炯 著 도서출판 도반

周易人生決策指南. 中國社會科學出版社

大山 周易講解. 上經 金碩鎭 도서출판 대유

大山 周易講解 下經 金碩鎭 도서출판 대유

周易禪解第一卷

周易禪解第二卷

周易禪解第三卷

周易 希望의 문을 열다. 金雲山 著 대경인쇄소출판부

閱易神書. 김기덕 대흥출판사

하늘의 뜻을 묻다. 이기동 열림원

漢韓大字典. 民衆書林

저자소개

無性 李民炯 채비움 서당 훈장

동국대학교 문화예술대학원 불교미술학과 졸업
한국미술협회 회원(서예분과)
관악현대미술대전 초대작가(현)
대한민국 학원연합회 초대작가(현)
(사)공동육아와 공동체교육 자문위원(현)
서울 성서초등학교 운영위원회 지역위원

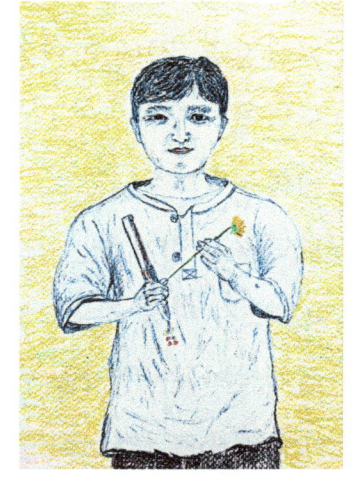

수상 및 전시
대한민국미술대전(미협) 특선, 입선
원각서예문인화대전 대상
탄허선서함양 전국휘호대회 대상
대전대신문사 주최 사진전 대상 외 다수
훈장님이 글씨로 쓴 보리수아래 감성시 展 (2022)
초대전 및 개인전 15회

방송 및 언론
BTN「지금 바로 여기 붓다회」OBS「오늘은 경인세상」KBS「세상의 아침」/
KBS 라디오「오늘아침1라디오」/ MBC「다큐멘터리 출가」/
강서TV「예절을 배우는 아이들」/ 마포FM「송덕호의 마포 속으로」/
세계일보「편완식이 만난 사람」/ 한계레신문사「사람」외 다수

강연
서울국제도서전 인문학 특강
㈜글로우웨일 인문학 강의
공동육아와 공동체교육 교사 인문학 강의
경기 하남 지역아동센터 서예 한문 강의
서울 성서초등학교 교사 인문학 강의 외 다수

기고
불교저널「성미산이야기 /자연생태」연재

저서
『원형이정』『주역으로 세상을 보다』『공자가 들려주는 지혜』
『도덕경과 함께 하는 오늘』『108가지 마음 찾기』
『훈장님과 함께 읽는 천자문』『따라쓰는 천자문』
『맑은 마음으로 읽는 계몽편』『부모가 함께 읽는 사자소학』
『내가 읽고 따라 쓰는 사자소학』『산애화담』『성미산 이야기』

현재
　강원도 홍천에서 텃밭을 일구며 서울 마포구 성산동에서 동양고전 인문학 강의를 하고 성미산 자연보호 활동을 하며 해마다 시(詩) 서(書) 화(畵) 사진(寫眞) 저술(著述)등의 활동을 하고 있다

어린이가 읽는 周易이야기

編譯	무성 이민형
펴낸곳	도서출판 도반
펴낸이	이상미
편집	김광호, 이상미, 최명숙
대표전화	031-465-1285
이메일	dobanbooks@naver.com
주소	경기도 안양시 만안구 안양로 332번길 32
홈페이지	http://dobanbooks.co.kr

* 이 책은 저작권법에 의해 보호를 받는 저작물이므로
 무단 전재와 무단 복제를 금합니다.